Théâtre de Tristan Bernard

Tristan Bernard

Paris, 1917

Édition : BoD · Books on Demand, 31 avenue Saint-Rémy, 57600 Forbach, bod@bod.fr
Impression : Libri Plureos GmbH, Friedensallee 273, 22763 Hamburg (Allemagne)
ISBN : 978-2-3225-5140-8
Dépôt légal : Janvier 2025

LE
FARDEAU DE LA LIBERTÉ

COMÉDIE EN UN ACTE

Représenté pour la première fois à Paris, le 15 mai 1897, au Théâtre de l'Œuvre (salle du Nouveau-Théâtre).

PERSONNAGES

LE
FARDEAU DE LA LIBERTÉ

La scène représente une avenue spacieuse, à Paris, dans le quartier des Invalides. Au fond, un décor de rue ou d'avenue : murs de monuments publics ou maisons sans lumières. À droite, un hôtel garni. À gauche, l'auvent d'un marchand d'habits.

Scène PREMIÈRE

Les deux gardiens de la paix entrent par la droite.

PREMIER AGENT, DEUXIÈME AGENT.

PREMIER AGENT.

Fais bien attention d'écouter à ce que je te dis, Francis. Tu n'as pas assez de méfiance. Méfie-toi au brigadier Lefèvre.

DEUXIÈME AGENT.

Crois-tu ?

PREMIER AGENT.

Si je l'dis, c'est que je l'crois. Si je l'crois, c'est que tu peux m'en croire. Méfie-toi au brigadier Lefèvre… Francis, retiens un peu ce que je te dis : Méfie-toi au Fèvre.

DEUXIÈME AGENT.

Il n'est pas mauvais garçon.

PREMIER AGENT.

N'en jure pas, Francis, n'en jure pas. Veux-tu, oui ou non, écouter à ce que je te dis ? Méfie-toi au Fèvre.

DEUXIÈME AGENT.

Et que t'a-t-il fait ?

PREMIER AGENT.

Rien. Mais je m'ai toujours méfié à lui.

Silence.

DEUXIÈME AGENT.

Sais-tu que Bèche est pour passer aux brigades ?

PREMIER AGENT.

On ne me l'a point dit. Mais je m'en doutais. Et veux-tu que je te dise ? Ça, c'est encore un coup au Fèvre.

DEUXIÈME AGENT.

Tu vois du Fèvre partout.

Silence.

PREMIER AGENT.

Sais-tu, Francis, ce que je pense du moment ?…

DEUXIÈME AGENT. *Il s'arrête pour bâiller.*

Et que penses-tu ?

PREMIER AGENT.

Je pense que du moment je n'aurais point été fâché de rencontrer… une petite demoiselle.

DEUXIÈME AGENT.

Qu'en ferais-tu ?

PREMIER AGENT.

Je saurais qu'en faire. *(Un temps.)* Quand je devrais que la caresser.

Ils sortent par la gauche. — Chambolin entre par la droite. Il a des vêtements bourgeois en très mauvais état, déchirés, couverts de taches et de poussière.

Scène II

CHAMBOLIN, *seul.*

Décidément, quand on possède quelques mille livres de rente, le séjour de Paris est peu supportable après le Grand-Prix, pendant les mois d'été… J'ajouterai qu'il est moins agréable encore, quand on ne possède que trois francs. Nous sommes aujourd'hui au 18 juin, et il me reste trois francs pour atteindre le mois d'octobre… Or il est douteux qu'il arrive avant trois mois… Il faudra voir passer auparavant juillet, août et septembre, qui sont des mois très ponctuels et qui n'ont pas l'habitude de céder leur tour. En octobre prochain, le contentieux des marchands de marrons ouvrira à nouveau ses bureaux de la rue Coquillière, et j'y retrouverai mon modeste emploi de commis aux écritures : trente francs par semaine, et des places à l'œil pour les Folies-Rambuteau ! D'ici là je devrai m'abstenir des Folies-Rambuteau, et, ce qui est plus grave, de toute nourriture un peu substantielle. Je vais en effet être obligé de composer la plupart de mes menus avec l'air du temps… dont les propriétés alimentaires s'affaiblissent de jour en jour… Je n'ai personne à qui m'adresser. Ma grand'mère, qui est morte il y a six mois, à Dijon, m'a laissé quelques dettes… Du temps que j'étais gosse, on me disait qu'il fallait s'adresser à Dieu. Et le fait est qu'il est plein de bonté, quand on a confiance en lui et qu'on ne lui demande rien. Mais dès qu'on vient lui demander quelque chose, l'Invisible… n'est plus jamais visible… Du temps que j'étais riche, les prêtres m'ont enseigné qu'il fallait secourir les pauvres ; je ne les ai pas écoutés, parce que je n'étais pas pauvre. Ah ! que ne suis-je riche, pour venir en aide au pauvre que je suis ! *(Il s'assoit sur un banc.)* Ce qui m'ennuie surtout, c'est la question du couchage. J'ai quitté depuis quatre jours ce petit hôtel meublé que voici. Nous n'avions pas les mêmes idées, la patronne et moi, sur les dates de paiement. C'est toujours ces questions-là qui finissent par brouiller les gens. Quelle rosse que ce patron d'hôtel ! Comme il m'a humilié ! Il n'a eu aucune considération pour moi. Les gens sont comme ça avec moi. Ah ! que les hommes sont méchants de ne pas m'aimer autant que je m'aime ! Ils ont autant d'indifférence pour moi… que j'en ai pour eux… *(songeur.)* Oui, ce qui m'ennuie, c'est la question du couchage. Voilà quatre nuits que je passe sur des bancs, que l'on a totalement oublié de carder. *(Il s'étend sur le banc.)*

Cher petit oreiller, doux et chaud sous ma tête…

C'est la petite poésie qu'il y avait, quand j'étais petit, dans mon petit livre de poésies. Ce sont les vers de mon enfance ; j'en ai d'autres pour mon âge mûr :

Les bancs de la place publique
Pendant bien longtemps, je le crains,

Seront rembourrés de tes crins,
Ô balai de crin symbolique !

Il n'y a même pas de petit accotement de bois, pour reposer sa tête. On est moins bien traité qu'à la salle de police. C'est que les vagabonds se trompent un peu sur la destination de ces bancs ; ils ne sont pas faits pour qu'ils y dorment ; les bancs sont faits pour les promeneurs : les petits rentiers y digèrent. Si les vagabonds s'y étendent, c'est par pure tolérance, à l'heure où la société ferme les yeux. *(Il se relève.)* Je ne peux vraiment pas me coucher de si bonne heure. Il n'est pas neuf heures. Je ne tiens pas à passer dans le quartier pour un jeune monsieur trop rangé. Promenons-nous un peu… Je voudrais bien tout de même trouver un gîte… Ici c'est un peu haut de plafond ; l'hiver, ça doit être difficile à chauffer. Et puis ça manque d'intimité. Il y a des gens qui passent et repassent… Non, c'est stupide à la fin ! Il faut que je trouve une combinaison pour passer l'été. Asseyons-nous sur notre lit et réfléchissons… Il me reste bien une ressource à laquelle j'ai déjà songé. J'ai mis au mont-de-piété tout ce que j'avais. Je n'ai plus à moi que mes os et ma peau. Le mont-de-piété ne prête rien là-dessus. Mais il y a tout de même un clou pour les objets de ce genre. Je vais aller passer trois mois à Mazas… On dit que c'est un endroit assez fermé : je m'y ferai présenter par trois magistrats, trois juges au Tribunal de la Seine. Pour ça, il faut que je me soumette à une formalité, et que je commette un délit, oh ! un petit délit, car je tiens à ne pas y rester plus de trois mois. À la chute des feuilles, je veux reprendre mon modeste emploi de commis aux écritures. Un délit, un petit délit qui me rapporte trois mois de prison ? Qui pourrait m'indiquer ça ?... Si j'avais sous la main un petit avocat, ou un vieux récidiviste… Il y a justement dans mon hôtel un petit jeune avocat qui vient de prêter serment. Je vais le faire descendre et lui demander son avis sur cette question délicate.

Scène III

CHAMBOLIN, PETITBONDON.

CHAMBOLIN. *Il frappe à la porte de l'hôtel.*

C'est moi, garçon. C'est moi, votre ancien locataire, François Chambolin.

UNE VOIX.

Vous désirez ?

CHAMBOLIN.

Maître Petitbondon est-il à l'hôtel ?

UNE VOIX.

je vais voir, monsieur. Il doit être dans sa chambre, à travailler.

10

CHAMBOLIN.

Voulez-vous le prier de venir jusqu'ici ? C'est pour une affaire urgente. Dites que c'est un client... *(Revenant à l'avant-scène.)* Maître Petitbondon est un garçon de vingt et un ans qui a prêté serment d'avocat la semaine dernière. C'est un bon petit jeune homme, qui sera ravi d'être consulté. Je n'ai que de faibles tuyaux sur son éloquence. Mais je n'ai pas besoin d'un avocat éloquent ; j'ai besoin d'un jurisconsulte, qui me donne un conseil profitable, et qui ne risque pas de me faire acquitter, en me défendant trop bien.

PETITBONDON.

Tiens, monsieur Chambolin ! Comment allez-vous ? C'est vous qui avez besoin de moi ?

CHAMBOLIN.

Oui, cher maître.

PETITBONDON.

Je vais vous faire entrer chez moi.

CHAMBOLIN.

Non, cher maître. J'ai des raisons spéciales pour m'abstenir d'entrer dans cette maison. Les gens y sont trop capricieux. Ils vous font bonne figure le 14 du mois ; le 16, ils vous témoignent déjà un peu de froideur ; et vers le 20, ils ne vous marquent plus aucune amitié. On a tort d'introduire des questions d'argent dans les relations avec les patrons d'hôtel.

PETITBONDON.

Et vous désirez ?

CHAMBOLIN.

Je viens faire appel à votre éloquence, si jeune et déjà si remarquée, pour obtenir trois mois de prison.

PETITBONDON.

Pour quel délit ?

CHAMBOLIN.

Je n'en sais encore rien du tout. Et c'est là-dessus que je sollicite vos conseils. Il me faudrait un petit délit, dans les prix doux, pour me faire enfermer à Mazas. Je m'ennuie à Paris où les sommiers sont si — durs, et l'air de la rue m'est défendu par la Faculté. Ainsi donc, puisque vous connaissez le code, trouvez-moi un petit délit dont le prix maximum soit de six mois de prison. En marchandant un peu, vous obtiendrez trois mois, j'en suis convaincu.

PETITBONDON.

Vous êtes un drôle de client !

CHAMBOLIN.

Je suis le client rêvé. Je vous consulte non sur le délit commis, mais sur le délit à commettre. Je vous fournis tous les éléments d'une belle plaidoirie. Adoptez le délit qui vous plaira le mieux, le plus juteux pour votre éloquence, celui qui vous permettra d'évoquer mon enfance misérable, mon éducation imparfaite, les mauvais traitements à moi infligés par une marâtre. Dissertation sur un sujet libre. Vous avez là un domaine assez vaste. Choisissez le terreau le plus favorable à la culture de vos fleurs oratoires.

PETITBONDON.

Je veux bien, après tout. Je suis un peu nouveau dans la carrière. Je ne sais pas si le Conseil de l'Ordre et les anciens me verraient d'un bon œil donner des consultations de ce genre, mais ce n'est pas vous qui irez leur raconter cela… Commençons par écarter les plats chers, tels que l'assassinat et le vol. Même un petit vol pourrait vous entraîner trop loin.

CHAMBOLIN.

Et puis, il faut me trouver quelque chose de plus facile.

PETITBONDON.

De plus facile ?

CHAMBOLIN.

Mais oui. Le vol est un travail comme un autre, et souvent plus difficile qu'un autre, sans même parler des risques ! Avez-vous déjà essayé de voler ?

PETITBONDON.

Jamais, voyons !

CHAMBOLIN.

Eh bien, ne parlez pas de ça. Vous avez reçu comme moi une éducation dangereuse. On s'est évertué à vous répéter que c'était très mal d'être un voleur, un escroc, ou simplement de se faire entretenir par les femmes. Alors vous avez pu vous dire à part vous : « C'est très mal vraiment, et je ne me résoudrai à voler qu'à la dernière extrémité… mais j'aurai toujours cette petite corde à mon arc, si je suis acculé. Quand je n'aurai plus les moyens d'être honnête, j'aurai la ressource de ne l'être plus. » Vous vous êtes figuré qu'il suffisait, pour s'enrichir… que dis-je ? pour vivre par le vol, de se débarrasser de quelques scrupules ?… Ce serait vraiment trop beau. Vous n'avez jamais essayé de forcer un coffre-fort ?… Eh bien, c'est très dur. Et quand on s'est donné beaucoup de mal, savez-vous ce qu'on y trouve, dans les coffres-forts ? Des titres nominatifs, rien que des titres nominatifs, et parfois des papiers de famille, des cachets de douches sulfureuses, un livret militaire, et des cartes d'entrée périmées pour l'exposition du cercle Volney… C'est comme pour se faire entretenir par les femmes. Mais, mon cher monsieur, pour trouver une bonne place de souteneur, c'est aussi difficile que d'entrer au Conseil d'État.

PETITBONDON.

Alors, il faut vous trouver quelque chose de plus facile.

CHAMBOLIN.

S'il vous plaît ?

PETITBONDON.

Que diriez-vous du vagabondage ? De trois mois à six mois d'emprisonnement.

CHAMBOLIN.

Va pour le vagabondage. Je suis vagabond stagiaire depuis quelques jours. Je vais passer vagabond en pied, vagabond officiel. Quelles sont les formalités ?

PETITBONDON.

Mettez vos plus vieux habits.

CHAMBOLIN.

J'ai mis les plus neufs… *(Regardant ses habits en mauvais état.)* On dit que Georges Brummel ne voulait jamais mettre d'habits neufs, qu'il faisait porter les siens par ses domestiques, avant de les endosser. Brummel trouverait sans doute que j'ai un peu exagéré ses théories de dandysme. Regardez-moi ce veston, et cet aimable gilet gris, seul survivant d'un complet gris, qui eut, ma foi, son heure d'élégance.

PETITBONDON.

Eh bien, maintenant, il ne vous reste plus qu'à vagabonder.

CHAMBOLIN.

Mais, malheureux, je ne fais que ça depuis quatre jours !

PETITBONDON.

Et vous avez rencontré des agents ?

CHAMBOLIN.

Si j'ai rencontré des flics ! Il n'en manque pas. J'en rencontre tous les quarts d'heure.

PETITBONDON.

Et ils ne vous disent rien ?

CHAMBOLIN.

Ils ne sont pas familiers… Non, je ne réussis pas à attirer l'attention des flics ; non plus d'ailleurs que celle des gendarmes. Car j'ai été dans la banlieue, et j'ai rencontré des cognes, avec leur fier bicorne et leur baudrier. Je croyais que les cognes étaient plus communicatifs que les flics, qu'ils demandaient volontiers leurs papiers aux gens, et que ça les flattait de rentrer dans les chefs-lieux de canton, en poussant un vagabond captif devant leurs solides chevaux. Eh bien, les cognes sont blasés là-dessus ! Les cognes me méprisent, eux aussi.

PETITBONDON.

J'ai une idée. Les agents et les gendarmes vous ont laissé aller, parce qu'il y a du vagabond en masse en ce moment, et qu'on ne peut leur donner à tous la chasse. Mais vous pourriez vous faire remarquer entre tous les autres vagabonds par un signe distinctif, une belle décoration dont le port illégal vous vaudrait six mois de prison, ou seulement trois mois, car on pourrait vous faire acquitter sur le chef de port illégal ; le tribunal, qui est moins dédaigneux que les flics, vous retiendrait sûrement sur le chef de vagabondage.

CHAMBOLIN.

Au fait, je vais essayer. J'ai connu un brave homme qui s'est fait condamner pour ça. Je vais me procurer un ruban. Où pourrais-je en trouver ?

PETITBONDON.

Voyez donc chez le marchand d'habits, s'il n'en trouve pas un après quelque redingote. Il vend aussi de la mercerie d'occasion, et pourra sans doute vous donner dix centimètres de ruban rouge.

CHAMBOLIN.

Maître Petitbondon, vous me sauvez la vie, et je vous suis très reconnaissant de la consultation. Qu'est-ce que je vous dois ?

PETITBONDON.

Oh ! ce n'est rien. Trop heureux de vous être utile…

CHAMBOLIN.

Si, si. Je tiens à m'acquitter… Je n'ai d'ailleurs rien à vous donner. Mais je prétends vous devoir quelque chose. Je vous dois quarante francs. Quand j'aurai beaucoup d'argent, je vous donnerai quarante francs.

PETITBONDON.

Va pour quarante francs ! C'est le premier argent que je gagne… Je vais fêter cela en m'offrant un petit souper : avec les quarante francs que vous me devez, je vais me payer un souper… que je devrai au patron de l'hôtel.

Il rentre à l'hôtel.

Scène IV

CHAMBOLIN, *puis* REQUIN.

CHAMBOLIN.

Procurons-nous ce précieux ruban rouge, objet de tant de convoitises. *(Il frappe à l'auvent du marchand d'habits.)* Monsieur Requin ! Monsieur Requin !

UNE VOIX.

Qu'y a-t-il ?

CHAMBOLIN.

Est-ce à son Excellence Eugène Requin que j'ai l'honneur de parler ?

REQUIN.

Que me voulez-vous ?

CHAMBOLIN.

Monsieur Requin, j'aurais un instant d'audience à vous demander.

REQUIN.

Une audience ?

CHAMBOLIN.

Monsieur, mes titres ne vous sont pas connus : permettez que je les rappelle. Né dans la médiocrité, j'y fus élevé et n'en sortis point. Depuis mon enfance, j'ai rendu de sérieux services à mes contemporains, car je ne leur ai jamais donné l'exemple pernicieux d'une action d'éclat. Par là, je leur ai évité toute exaltation dangereuse. J'ai vu des personnes se noyer dans la mer, et je me suis borné à crier au secours, et à applaudir le courageux sauveteur. Je n'ai jamais fondé d'hospice, jamais je n'ai présidé une société de tir. Je n'ai jamais exposé des produits industriels dans aucune exposition. Je viens donc solliciter de vous, monsieur Requin, la faveur de porter illégalement et illégitimement le ruban de la Légion d'honneur.

REQUIN.

Quand vous aurez fini, vous parlerez sérieusement et vous me direz ce qu'il y a pour votre service.

CHAMBOLIN.

Monsieur Requin, si vous me connaissiez mieux, vous sauriez que je suis toujours sérieux. J'ai l'air de plaisanter sur les choses ; ce n'est pas ma faute à moi, c'est les choses qui ont commencé. Il me faudrait un peu de ruban rouge pour orner ma boutonnière. Si vous n'avez pas ça tout fait sur un de vos vieux habits, vous trouverez bien quelques centimètres de ruban dans un coin. Je n'hésiterai pas à vous verser vingt centimes pour les droits de chancellerie.

REQUIN.

Allez jusqu'à cinquante centimes, et je vous donnerai un ruban à moi, que j'ai sur mon vêtement d'été, et que je porte un mois par an, à Contrexéville, où je vais pour mes rhumatismes. À Vichy, où madame Requin va pour son foie, elle exige que j'aie la rosette d'officier.

CHAMBOLIN.

Allez, et rapportez-moi ça.

Requin entre à gauche.

CHAMBOLIN, *seul.*

Je n'ai jamais vu des gens aussi orgueilleux et aussi arrogants que les marchands d'habits. Leur profession est fort décriée ; ils ont l'air de ne pas s'en rendre compte. Ils sont humbles et modestes avec les gens riches, mais c'est pour les besoins de leur commerce. Ils ont en somme une forte estime d'eux-mêmes et un grand mépris pour le reste de l'humanité. *(À Requin qui revient.)* N'est-ce pas, monsieur Requin, que lorsque vous portez une fausse décoration à Contrexéville, vous vous imaginez réparer une injustice de la société ?

REQUIN.

Convenez que la société est bien injuste pour nous. Je vous en parle à vous, car je vois que, malgré votre costume, vous êtes un garçon comme il faut. Quel mal est-ce que nous faisons ? Est-ce un crime de vendre de vieux habits ?

CHAMBOLIN.

Ne faites-vous que ça, monsieur Requin ? Ne vous arrive-t-il pas quelquefois, quand l'occasion s'en présente, de prêter de l'argent à des fils de bonne famille ?

REQUIN.

Si je le fais, c'est, croyez-le bien, à des conditions des plus modérées et honorables.

CHAMBOLIN.

Nous les connaissons, vos conditions honorables. Comment, imprudent Requin, vous exploitez les fils de famille ! Vous vous enrichissez aux dépens des riches ! On ne doit, sachez-le bien, s'enrichir qu'aux dépens des pauvres seulement. Vous vivez de la paresse de votre prochain : c'est de son travail seul que vous devez profiter.

REQUIN.

Voilà votre décoration. Mais vous n'allez pas mettre ça sur vos habits ! Ils sont en bien mauvais état.

CHAMBOLIN.

Pas la peine de les décrier. Ils ne sont pas à vendre, et je n'ai pas l'intention de vous en acheter d'autres.

REQUIN.

J'en ai pourtant de bien jolis, tout à fait élégants et bon marché, qui feraient bien votre affaire.

CHAMBOLIN.

Ceux-ci me semblent parfaits et beaucoup plus à mon goût que tout ce que vous pouvez m'offrir. Il y a des endroits où il n'y a pas de doublure. Il y a d'autres endroits où il n'y a que de la doublure. Et voyez là, et voyez là : la doublure et l'étoffe se sont en allées de concert. Elles ont fait place à une ouverture très hygiénique qui laisse passer l'air. Voilà une boutonnière qui n'a pas son bouton. Voilà un bouton qui n'a pas sa boutonnière. Pourquoi faut-il que ce bouton sans boutonnière soit si loin de cette boutonnière sans bouton ?

REQUIN.

Savez-vous ce qui va arriver ? Si vous mettez votre décoration sur ce vilain paletot, vous allez vous faire arrêter.

CHAMBOLIN.

J'en accepte l'augure. Regagnez, monsieur Requin, regagnez votre gîte. Moi, je vais chercher le mien. On m'a parlé de quelque chose d'assez confortable dans les environs de la gare de Lyon. Aussitôt installé, aimable Requin, je vous fais signe et nous pendons la crémaillère.

Exit Requin.

Scène V

CHAMBOLIN, *seul.*

Ça fait bien, cette décoration. Mais pour que ça soit bien, il faut être jeune, avoir dans mes âges, trente-deux ou trois ans. Plus tard ça n'a plus d'intérêt : on a l'air d'un vieux chef de bureau… Il s'agit maintenant d'attendre les agents. Je vais me placer en pleine lumière, sur ce banc… Les représentants de la force publique ne vont pas tarder à arriver. J'aperçois là-bas, dans l'ombre, de l'ombre plus épaisse, qui bouge… Couchons-nous et attendons… Voilà les flics. Dormons.

Scène VI

PREMIER AGENT, DEUXIÈME AGENT, CHAMBOLIN, *étendu sur un banc.*

DEUXIÈME AGENT.

Une devinette. Deux filles qui font l'trottoir, se courent l'une après l'autre, se pass', repass' et dépassent toujours ?

PREMIER AGENT.

Dis-moi. Je sais pas deviner. Et ça m'amuse autan que tu me le dises tout d'suite.

DEUXIÈME AGENT.

Tu la d'vines pas ?

PREMIER AGENT.

Dis-la-moi donc, fourneau ! Quand j'te dis que j'suis pas exercé à d'viner.

DEUXIÈME AGENT.

Mais tu les as sur toi, fourneau ! *(Riant.)* C'est tes bottes. C'est les deux bottes du sergent de ville.

PREMIER AGENT, *grave.*

Ah ! celui-là n'est pas mauvais, Francis. C'en est un bon, celui-là. Tu vas me l'écrire sur un papier. Je veux le rapporter à Sophie. *(Ils s'approchent du banc.)*

En voilà un qui fait des heures ! S'en paie-t-il de roupiller !

DEUXIÈME AGENT.

Il dort dur. Tiens !

PREMIER AGENT.

Qu'as-tu ?

DEUXIÈME AGENT.

Il a la décoration.

PREMIER AGENT.

Oui, et la bonne.

DEUXIÈME AGENT.

La Légion.

Ils s'éloignent.

PREMIER AGENT.

C'est un vieux serviteur de la patrie. Il a dû faire campagne, ce vieux-là. Il a versé son sang sur les champs de bataille.

DEUXIÈME AGENT.

Et le voilà dans la purée. *(Après réflexion.)* C'est une belle chose tout de même que la Légion.

PREMIER AGENT.

Oui, ça fait rudement bien sur une tunique. Ah, c'est une belle affaire, que ce ruban rouge !

DEUXIÈME AGENT.

Oui, mais y en a bien qui l'ont eu pour de l'argent.

PREMIER AGENT.

Eh bien, ça prouve que c'est des gas qui ont de l'argent.

DEUXIÈME AGENT.

Et puis, qu'y en a donc que c'est leur femme qui leur a fait obtenir ça, en allant voir les ministres !

PREMIER AGENT.

Eh bien, ça prouve encore qu'ils ont une jolie petite bourgeoise, et qui connaît son affaire.

DEUXIÈME AGENT.

Et tous ceux qui s'ont fait pistonner par leur député.

PREMIER AGENT.

C'est donc qu'ils ont de belles relations. Vois-tu, Francis, ça prouve toujours quéqu'chose : qu'on a du mérite, qu'on a de l'argent, qu'on a une belle petite femme, ou des jolies relations. C'est pour ça qu'il n'en faut point médire et que c'est toujours flatteur.

Ils sortent à droite.

Scène VII

CHAMBOLIN, *seul.*

Ils ne veulent pas de moi. Je ne peux pas leur forcer la main. Je ne peux pourtant pas aller trouver le commissaire, et me constituer prisonnier pour avoir porté illégalement la croix de la Légion d'honneur. Le commissaire ne me gardera que pour un beau crime… J'ai encore deux francs cinquante. Je veux conserver cette monnaie le plus longtemps possible et essayer de dormir sur ce banc. Ah ! un beau crime…

Il s'étend sur le banc. Un vieux facteur des postes entre en scène à droite. Trémolo.

Scène VIII

CHAMBOLIN, LE FACTEUR.

LE FACTEUR, *lisant la suscription d'une enveloppe cachetée de rouge.*

Monsieur François Chambolin, à l'Hôtel Saint-Adolphe ! Où ça peut-i être ? Le receveur des postes a vraiment du culot de m'envoyer porter une lettre à c't'heure ici, sous prétexte qu'elle avait été oubliée, je ne sais vraiment comment, à la distribution de cinq heures. Il est fou, ce receveur ! Il veut arriver. C'est un garçon qui fait du zèle. *Monsieur François Chambolin à l'hôtel Saint-Adolphe.* Où que ça peut bien être ?… Je suis bien dans la rue Duplessis-Bouquet. C'est pas moi qui fais c'te rue-là d'ordinaire… je m'y retrouve pas du tout… Les numéros ne se suivent pas dans c'te rue-là. P'tête bien qu'on les tire au sort entre les maisons… C'est pourtant bien par ici, nom de nom ! *(Il va au bec de gaz et aperçoit Chambolin.)* Dites donc, la pratique, vous ne savez pas où c'est, l'Hôtel Saint-Adolphe ? J'ai une lettre chargée à y remettre, et j'ignore où ce que ça se trouve.

CHAMBOLIN.

Une lettre chargée ?…

LE FACTEUR.

Oui, et une bonne. Valeur déclarée : cinq cents francs.

CHAMBOLIN.

Cinq cents francs…

LE FACTEUR.

Eh bien, l'Hôtel Saint-Adolphe, tu ne connais pas ça ?

CHAMBOLIN.

Cinq cents francs… Tu tiens absolument à remettre cette lettre à son destinataire… Écoute, vieux, sais-tu ce que tu devrais faire ? Me passer la lettre chargée et nous partagerions.

LE FACTEUR, *allant vers la gauche.*

Moi qui n'a jamais fait de ces trucs-là, penses-tu que je vas commencer à cinquante-quatre ans !

CHAMBOLIN.

Tu auras été victime d'un faussaire. Le faussaire, c'est moi. Je prends la chose à mon compte.

LE FACTEUR.

Fiche-moi un peu la paix et montre-moi l'Hôtel Saint-Adolphe… Ah ! la voici. *(Il sonne, puis entre.)* Une lettre chargée…

CHAMBOLIN, *seul.*

Ah ! Sang Dieu ! Je l'avais là tout seul… Personne dans la rue… Je lui aurais mis mon couteau sur le cou… je le forçais à me donner cette lettre… C'était si simple… On ne voit ces choses-là qu'après… Zut ! je vais fiche le camp d'ici…

Il va vers la droite, quand s'ouvre la porte de l'hôtel.

LE FACTEUR.

Vous dites qu'il a quitté l'hôtel depuis quatre jours et que vous ne savez pas où il habite.

LE GARÇON.

Ça va être le diable pour le retrouver. Vous seriez venu il y a une demi-heure ; il a passé à l'hôtel.

CHAMBOLIN, *se rapprochant.*

Garçon !

LE GARÇON.

Mais, le voilà !

LE FACTEUR.

Lui !

LE GARÇON.

C'est bien lui, monsieur Chambolin !

LE FACTEUR.

Elle est bonne !

CHAMBOLIN.

Je te crois qu'elle est bonne ! *(Il regarde la lettre.)* La lettre est pour moi ! Étude de maître Godet, notaire à Dijon… Le notaire de feu ma grand'mère… *(Le facteur lui tend la plume.)* La lettre est pour moi ! Allons ! signons tout de même… Mais, mon ami, je tiens à ce que tout se passe régulièrement, puisque la lettre est pour moi… Je sais que vous n'avez pas le droit de me la remettre dans la rue… Venez à l'hôtel.

LE FACTEUR.

Inutile. Puisqu'on dit que c'est bien vous… *(À demi-voix.)* Vous êtes toujours disposé à partager ?

CHAMBOLIN.

Voilà quarante sous pour vous… Adieu, vieux frère… *(Le facteur s'en va).* Déchirons proprement l'enveloppe. Les cinq cents francs y sont. Voyons la lettre du notaire :

Monsieur,

L'actif de la succession de madame Dubrousset, votre grand'mère, se trouve considérablement augmenté par la réalisation d'une créance que l'on croyait perdue… et sur laquelle il vous revient quatorze mille cinq cents francs. Venez à Dijon, où votre présence est nécessaire. Vous trouverez ci-inclus cinq cents francs, à votre débit, que j'ai cru bon de vous envoyer au cas où vous seriez embarrassé pour les frais du voyage.

Il relit la lettre en chantant, avec le plus grand sérieux.

Quatorze mille cinq cents francs ! *(Bas.)* Quatorze mille cinq cents francs ! *(Avec éclat.)* Quatorze mille cinq cents francs !… Procurons-nous du linge propre et des vêtements confortables. Ces vêtements me sont moins odieux maintenant que je peux m'en payer d'autres. Ça m'est égal qu'on pense que je suis mal vêtu, du moment que j'ai le moyen de me vêtir richement. Cependant leur malpropreté me fait horreur. Je vois des taches de graisse que je n'avais pas remarquées. Allons chez Requin et procurons-nous des habits. Ensuite nous irons prendre un bain, et nous nous mettrons en quête d'un hôtel confortable, et pas trop cher cependant. Il ne saurait être question de Mazas, désormais. La liberté est un bien précieux, mais il faut avoir un petit capital d'exploitation pour le cultiver.

Il entre chez Requin.

Scène IX

PREMIER AGENT, DEUXIÈME AGENT.

Les agents entrent par la gauche.

PREMIER AGENT.

As-tu vu le coup, Francis ? Quand je te disais qu'il fallait avoir l'œil sus el'brigadier. On rentre au poste, la tournée finie. Ce gaillard-là nous envoie-t-i pas en tournée supplémentaire !

DEUXIÈME AGENT.

C'est pas sa faute, s'il a des ordres, et si les étudiants font du raffut dans Paris.

PREMIER AGENT.

Où donc qu'ils font du raffut ? Où donc ?

DEUXIÈME AGENT.

Eh ben oui, qu'ils en font ! On me l'a dit tantôt.

PREMIER AGENT.

Mais ils ne vont pas venir de c'côté.

DEUXIÈME AGENT.

Et qu'ils se gêneraient donc ! Ils ont le député Frapeau qui d'meure pas loin d'ici et où qu'ils viendront faire un ban parce qu'il a parlé pour eux à la Chambre.

PREMIER AGENT.

Ça n'empêche qu'au lieu de rentrer tranquillement près de c'te femme, je vas encore être à poirotter jusqu'à des ménuits. Ah ! nom de Dieu ! Ça ne se passera pas comme ça ! Le brigadier me fait des tours : je vas sûrement me venger !

DEUXIÈME AGENT.

Et quoi donc que tu peux lui faire ? Te venger ?

PREMIER AGENT.

Certainement me venger. Mais pas sur lui donc. Quoi tu veux que je lui fasse ? Sur le premier étudiant qui m'tombe su c'te patte.

Ils sortent à droite.

Scène X

CHAMBOLIN, REQUIN.

Ils sortent ensemble de chez Requin.

REQUIN.

La transformation est faite. Vous n'avez pas été long à trouver chez moi ce qu'il vous fallait, des habits neufs, jamais portés, et très confortables.

CHAMBOLIN. *Il a une belle redingote, un chapeau haut de forme et tient à la main une canne à pomme d'argent.*

Oui, me voilà bien conditionné. Je ne suis plus un vagabond, maintenant : je suis un badaud… Je ne suis plus un rôdeur : je suis un flâneur… Je ne suis plus un feignant : je suis un oisif ! *(Il s'assoit.)* On n'est vraiment pas mal sur ces bancs quand il ne s'agit que de s'y asseoir… *(Il se relève précipitamment.)* Pourvu que je n'aille pas y attraper quelque vermine ! Dire que j'ai dormi là-dessus, que j'ai failli devenir une gouape… et même quelque chose de pis !

REQUIN.

Dieu vous a transformé.

CHAMBOLIN.

En m'envoyant de l'argent. L'argent a mis en fuite tous mes mauvais instincts.

REQUIN.

Je suis sûr que maintenant que vous avez du bien, vous raisonnez plus sainement, plus clairement. Vous saisissez la différence du bien et du mal.

CHAMBOLIN.

Oui, faire le mal, c'est en vouloir à mon bien… Tant qu'on n'est pas propriétaire, on ne peut pas s'imaginer combien il est ignoble de porter atteinte à la propriété…

REQUIN.

Oui, je sais ce que c'est ; car je n'ai pas toujours été riche. Mais je savais que je le deviendrais, et j'ai toujours eu un grand respect pour la richesse.

CHAMBOLIN.

Tant que les méchants ne s'attaquent pas à nous, on ne voit pas combien ils sont méchants ; mais quand ils s’attaquent à notre bien, on les voit de face : on voit la cupidité de leurs yeux.

REQUIN.

C’est qu’il y en a beaucoup, vous savez, qui rôdent autour de nous et qui en veulent à notre bien, des fripes, des gens sans aveu. Et dès qu’on leur cogne un peu sur les épaules, ils se plaignent…

CHAMBOLIN.

Est-ce nous qui sommes allés les chercher ?… Nous ne demandons qu’à rester tranquilles, dans notre coin. Que les autres en fassent autant.

REQUIN.

Allons, je vous quitte en bonnes dispositions. Vous voilà devenu un véritable honnête homme.

Exit Requin.

Scène XI

CHAMBOLIN, *seul.*

J’appartiens désormais au grand parti des honnêtes gens… Je vais me procurer un lit dans un hôtel propre.

Décidément je crois que j'y serai mieux qu'à Mazas. J'ai failli faire connaissance avec cet établissement ! Non, ce n'est pas possible : je n'y serais pas entré. Ce n'est pas dans ma destinée. J'ai beau blaguer et faire le fanfaron : je m'arrête aux actes, fatalement. Ce n'est pas possible qu'un garçon comme moi puisse entrer à Mazas. *(On entend du bruit à droite, à la cantonade.)* Qu'est-ce que c'est que ça ? Ah ! des tapageurs ! Ça doit être les étudiants qui chahutaient cet après-midi, boulevard Saint-Germain. *(Il monte sur le banc).* Ils passent au bout de la rue ! Une bagarre ! Les agents leur cognent dessus… Oh ! les agents sont en nombre ! Voilà un étudiant qui les engueule. Qu'est-ce qu'il leur dit ?… Chopé ! Bravo ! Il en aura pour ses six mois, il aura beau nier tant qu'il voudra ! Ça le dressera… Tiens, cet après-midi je n'ai pas songé à ça, quand je voulais me faire coffrer. J'aurais dû injurier des agents. Eh bien ! je crois que je ne l'aurais pas fait ! Ce n'est vraiment pas dans mon caractère. Ah ! ces braves agents ! Cognent-ils ! Non, ce qu'ils cognent ! Et tout ça pour cent sous par jour ! On devrait leur donner dix francs ! On est heureux d'avoir des braves garçons comme ça à son service pour cogner sur les gouapes ! Ils cognent en aveugles, comme des marteaux-pilons. *(Il rit.)* En voilà un qui vient de moucher un petit gros très proprement. Et c'te femme, une enragée, ils la prennent par les épaules, et demi-tour à gauche ! Fouettez-la ! Fouettez-la, nom de Dieu ! Non ! papa ! ce qu'ils cognent ! En voilà un qui tape avec son sabre-baïonnette. Ils sont bien petits, ces sabres… On devrait leur en donner de grands… Reculons-nous. *(Il descend du banc.)* Nous allons voir passer les fuyards. Je suis aux premières loges.

Passent des fuyards en criant.

Scène XII

CHAMBOLIN, PREMIER AGENT, DEUXIÈME AGENT.

PREMIER AGENT.

Nom de Dieu, Francis, j'en ai mouché deux. Mais il faut que j'en emballe un ! Le premier qui m'tombe su c'te patte, il va payer pour tout le monde !

DEUXIÈME AGENT.

En voilà un que je ne veux pas rater.

Il aborde en courant Chambolin.

PREMIER AGENT.

Ah ! c'est toi, salaud, qui gueulais : « Mort aux vaches ! »

DEUXIÈME AGENT.

C'est toi qui nous as traités de cochons !

PREMIER AGENT.

Ah ! tu nous appelles vaches !

DEUXIÈME AGENT.

Ah ! tu nous appelles cochons !
Chambolin fait des signes de dénégation.

PREMIER AGENT.

Ton affaire est bonne ! Tu n'y coupes pas de tes SIX mois ! Si tu ne connais pas Mazas, on t'en montrera le chemin !

———————